Ancora Don Giovanni

F. De Simone Brouwer

In the interest of creating a more extensive selection of rare historical book reprints, we have chosen to reproduce this title even though it may possibly have occasional imperfections such as missing and blurred pages, missing text, poor pictures, markings, dark backgrounds and other reproduction issues beyond our control. Because this work is culturally important, we have made it available as a part of our commitment to protecting, preserving and promoting the world's literature. Thank you for your understanding.

ANCORA DON GIOVANNI

OSSERVAZIONI ED APPUNTI

DI

F. DE SIMONE BROUWER

NAPOLI
Stabilimento Tipografico Pierro e Veraldi
nell'Istituto Casanova
1897.

Dalla mia pubblicazione: *Don Giovanni nella poesia e nell' arte musicale* (Napoli, 1894) uno dei più valorosi conoscitori delle moderne letterature europee, Arturo Farinelli, fu spinto a studiar quell'argomento e a trattarlo di nuovo; il suo scritto, intitolato *Don Giovanni*, ha visto la luce lo scorso anno nel vol. XXVII del *Giorn. storico*. Molte cose egli ha ripetute già dette da me, molte altre ha aggiunte, giovandosi della collaborazione di non pochi valentuomini (cfr. p. 11, *n.* 1); ed io sono ben lieto di aver col mio lavoruccio procurato agli studiosi un saggio critico così largo e così dotto, in cui se si parla di capolavori e di opere di mediocre importanza, non son neppur trascurati componimenti di minor valore come i versi di A. Masson: *La Cave de Don Juan*, stampati nel *Figaro*. Forse vi è da lamentare talora una troppa fretta, e da desiderare qua e là un po' più d'ordine, una maggior correttezza di stile, un minor lavoro di fantasia; ma io non intendo far da critico: questo articoletto non è che una piccola appendice allo studio del F., aggiuntevi alcune osservazioncelle.

I.

La leggenda di Don Giovanni è di quelle che si potrebbero dir nate per far perdere la testa ai critici, che ne voglian conoscere o, almeno, additarne presumibilmente le origini. Il rintracciare il cammino percorso da qualsisia tradizione popolare per giungere alla sua prima manifestazione, è in ogni caso un difficile problema, giacchè spesso non darebbe nel vero e chi si facesse sedurre da apparenti e superficiali relazioni, e chi volesse restringer nei confini d'un tempo e d'un luogo un personaggio o un racconto che può essere d'altri tempi e d'altri luoghi. « Niente — ha osservato, ben prima dello Schipper, il Pitrè (*Fiabe, nov. e racc. pop. sicil.*, I, LXXXIV) — è tanto difficile a determinare quanto la patria, il battesimo e la paternità delle tradizioni in Europa, perchè niente han reso più infido di questo le versioni di una medesima tradizione date da leggendari vecchi e da novellatori nuovi ». Per la leggenda di Don Giovanni la questione è ben più scabrosa: essa, ha argutamente notato il F., è davvero una « matassa moltissimo arruffata ». Tentiamo tuttavia di introdurci nel periglioso pelago e di cavarcela alla meglio.

D' un Don Giovanni storico, realmente nato e vissuto in Ispagna, il F. non vuol saperne affatto: nega anzi che la leggenda sia spagnuola, e afferma ch' essa penetrò colà dal settentrione, sebbene si dispiaccia di « non sapere dire nè come, nè quando ». Ora io ignoro se sian state espletate tutte le possibili ricerche negli archivi e nelle biblioteche sì da non render per lo meno arrischiate le parole di lui: « credo, e so per certo, che negli Annali di Siviglia e in tutte le cronache della Spagna non v' è nulla che accenni menomamente ad un' impresa qualsiasi di quest' eroe del più sfrontato libertinaggio » (p. 9); e pur sembrando poco probabile che, dietro future ricerche, possa venir fuori un Don Juan Tenorio come quello della tradizione, nè sperando molto nella *Bibliografia Tenoriana* di Doña Blanca de los Rios, non mancan però indizi, sui quali potrebbe esser stata tessuta la leggenda. La violenza usata dal re Don Pedro el Cruel a una giovine in un convento con l' uccisione del diacono accorso a difenderla; la leggenda pubblicata dal De Ochoa (*Tesoro de los romanceros*, Paris, 1838, p. 218), dove Bianca di Borbona è sacrificata da Pedro el Cruel alla rivale, Maria de Padilla; la romanza *El duque de Braganza Don Juan*, riferita dal Durand (*Romancero general*, II, 219), in cui la duchessa Maria è assalita improvvisamente e minacciata di morte dal marito, Don Juan, che vuol disfarsi di lei per sposar altra donna; quel Dom Fernando de Eça dissoluto e violentatore di donne; le avventure del libertino Dom João de Castro del XVII secolo, che il F. riconosce per « interessanti e degne davvero di un Don Giovanni » (p. 16, *n.*), non sono indizi da disprezzarsi (1). E quel Don Diego Gomez de Almaraz, vissuto nei primi del '400, che commise più bricconate di un Tenorio e che si facea chiamare *El convidado de piedra*? Pur accettando con riserva coteste notizie, non si può tanto presto negar loro ogni valore: è noto come il popolo sia pronto a ricamar tutta una leggenda su un picciolo nucleo storico. Sotto la laconica espressione del D' Ayala a riguardo di Don Pedro el Cruel: « dormiò poco y amò mucho mujeres » quante cose non si potrebbero veder accennate! Il silenzio del cronista cattolico e scrupoloso è spiegabilissimo: egli non avrebbe mai osato di narrare avventure scandalose, nè dovea di certo esser lecito allora cantar liberamente le corna ai re (2). Al popolo invece era ben lecito il raccontarne im-

---

(1) Checchè dica il F. (p. 15), non par lecito mettere addirittura tra le favole « in piena pace », quasi esistiti sol nella mente dei primi che li ricordarono, la *Vita et mors sceleratissimi principis domini Joannis* e l' « Auto » *El Ateista fulminado*. — La prima, anche se posteriore al *Burlador*, potrebbe essere un rifacimento letterario della leggenda spagnuola già esistente: il secondo trova riscontro nel sotto-titolo della commedia francese del Dorimond.

(2) Non mi fanno nessuna impressione i due libri: *Apologia del Rey Don Pedro de Castilla, conforme a la cronica verdadera de Don Pedro Lopez de Ayala*

punemente le spudorate imprese, se al nome del sovrano sostituiva quello del suo compagno e seguace che dalle cronache sappiamo aver nome Don Juan Tenorio; il F. non può non convenire che « le leggende che correvano sul conto del re potevano benissimo applicarsi al suddito » (p. 14).

Se non si può dunque sostener sicuramente la relativa storicità di un Don Giovanni Tenorio più o meno autentico, non la si può nemmen negare con egual sicurezza (1). Si potrebbe supporre che la universale leggenda d'un seduttor di fanciulle si concretasse in Ispagna nella figura di lui; ma è un fatto che la leggenda del convitato di pietra non appare in niun altra regione prima che nella Spagna.

Il F. distingue nella leggenda di Don Giovanni due parti: la vita gaudente e di conquiste e la tragica morte con l'invito alla statua e i funebri banchetti; e riferisce una serie di leggende che, secondo lui, hanno molta analogia con la nostra. Permetta l'egregio e dotto amico ch'io le passi brevemente in rassegna, seguendo l'ordine tracciato da lui.

Le leggende della testa di Mercurio al tempo dell'imperatore Giuliano; della statua di bronzo *Salvatio Romae*; delle teste che servivan di oracolo ad Alberto Magno e a papa Silvestro II; delle teste o statue favellatrici attribuite a Bacone, ad Arnaldo da Villanova, ad Enrico di Villena; delle statue che svelano tesori nascosti; di quella di san Nicola che rincorre il ladro; del crocifisso che percuote il campanaro che l'avea insultato; della statua descritta nell'*Artus de Bretagne* che copre il capo ad Arturo; delle immagini semoventi di cui parla Apuleio nelle *Metamorfosi*; e della statua dell'Assunta in Martano, di cui si narra che, destinata ad altro paese, giunta che fu colà, « non potè da forza alcuna essere rimossa dal luogo » (2), non hanno altro punto di

---

por el Licenciado Don Josef Ledo del Pozo, Catedratico de filosofia de la R. Univ. de Valladolid, Madrid, senz'anno (1781?); — *Vindicacion del Rey Don Pedro I de Castilla, en la que se manifesta por la cronica abreviada y vulgar, que de esto Rey escribió Don Pedro Lopez de Ayala, que lejos de merecer el dictado de Cruel es muy acreedor al de Benigno y Justiciero*, por ONIL PIDOCA NARCOF DE JAQUE GODINEZ DE PAZ (pseud. di Don Lino Picado Franco de Jaque), Barcelona, 1831. — Anche dopo queste « apologias y vindicaciones » Don Pedro el Cruel resta quello di prima, un re femminiero per eccellenza e non certo uno stinco di santo.

(1) Il F., tra l'altro, scrive: « credo che le prodezze di un Don Giovanni sieno tutt'altro che caratteristiche alla nazione spagnuola che conta al contrario, ed in ogni tempo, prodigi di lealtà e di abnegazione » (p. 9). Questo è un complimento gentile, di cui gli sarà grato ogni buon spagnuolo, ma non ha che far colla questione.

(2) Una leggenda non molto differente si narra in Napoli. La statua di S. Vincenzo dalla Chiesa della Sanità, più volte portata altrove di sera, fu sempre ritrovata la mattina dopo al solito posto.

contatto con la leggenda del Convitato che quello d'una statua che si muove o parla. Ma allora di quante altre leggende non si dovrebbe tener conto! Ben poca rassomiglianza avrebbe pure quella mal sicura fiaba greca della statua che ammazza lo schernitore suo nemico in vita; nè so come il F. vi scorga « un' analogia singolarissima ». E tanto meno ne offrono la donna fallace, apparsa in sogno a Dante e che sedusse Ulisse, e le leggende delle apparizioni di Veneri-mostri a Wirent di Grafenberg, a Don Miguel de Mañara e al giovine Teodoro, del quale parla Montalvan nella *Fuerça del desengaño*; i quali tutti si convertono e finiscon la vita da buoni e devoti cristiani. Esse appartengon senza dubbio a quel gruppo di tradizioni sorte nel medio evo, quando agli animi eccessivamente sbigottiti dalle minacce d'un eterno supplizio in una vita oltremondana i piaceri del mondo venivan di regola rappresentati quali azioni peccaminose, e il mondo stesso un ammasso di putredine ricoperto da una ingannevole larva di bellezza (1). Non s'intende come potesse giovare a convertire i peccatori impenitenti, a indurli a fuggire il secolo e a ricoverarsi nel grembo della chiesa, la leggenda di Don Giovanni, la cui esistenza libertina non contribuiva a quello scopo nè la tragica fine bastava a farne dimenticare le liete e numerose avventure.

Sarebbe però ingiusto negare ogni relazione tra la nostra leggenda e alcune fiabe, come quella islandese dell' Arnason; le tre leggende tedesche: *Gäste vom Galgen, Die erhängten Gäste e Todter zu tisch geladen*; le due francesi: *Le souper du fantôme* e *La tête du mort qui parle*; la leggenda di Brettagna trascritta dal Rodriguez Solis e la *Rundalla* catalana ricordata dallo stesso; la romanza asturiana e il canto popolare delle Algarve (*Mirra*); qualche leggenda portoghese e la storia di Leonzio nella *Larva mundi*, riprodotta nei drammi dei gesuiti (2). A coteste accennate dal F. posso aggiungere delle altre e specialmente

---

(1) Nello *Specchio della vera penit.* del PASSAVANTI (Tratt. della sup., V) si narra d'un monaco, a cui il diavolo apparve sotto le forme di vaghissima donna. Altrove (Dist. III, II) è detto d'un teschio, che palesò a San Macario il suo nome e descrisse le pene cui era stato condannato.

(2) Delle due tradizioni portoghesi, riferite dal Consiglieri Pedroso, la prima solo ci riguarda, quella cioè d'un tale che, trovata nel cortile di una chiesa una testa di morto, la invita a cena ed è a sua volta invitato del defunto; l'altra narra d'una donna che un'ombra invita in un cimitero senza una vera ragione.—In quanto alla storia di Leonzio, il F. ha già osservato che ivi non si tratta d'un seduttore, ma solo d'uno scapestrato, ateo e buontempone, discepolo del Machiavelli e indicato perciò talora coll'appellativo di gentiluomo fiorentino. — Una differenza notevole fra queste leggende e le precedenti, pur accettando *sic et simpliciter* l'ipotesi del F., par trovi anche G. ROBERTI in un sunto del libro del F. (*Gazz. mus.*, 1896, nn. 27-28).

quella *complainte*, intitolata appunto *Le Libertin*, che rassomiglia molto alle precedenti (NÉRÉE QUÉPAT [René Paquet], *Chants populaires messins recueillis dans le val de Metz en 1877*, Paris, 1878). Il libertino, dopo che si è servito di una testa di morto per una mascherata, nel riportarla al cimitero le dice:

> Mon amie,
> Demain, pour ta récompense,
> De t'avoir tant fait courir,
> Je te conjure de venir
> Souper avec moi, sans doutance.
> Viens donc, si tu veux ;
> Nous boirons un coup nous deux,

La sera appresso, il morto bussa alla porta; la serva va ad aprire e cade tramortita nel rinchiuderla. Il morto bussa di nuovo, e alla madre del giovine tocca la stessa sorte. Finalmente và lui, meravigliato di quella visita.

> Le mort prit la parole,
> Lui disant: Marchons à table ;
> Je viens avec toi souper,
> Comme tu m'y as invité......

Una violenta febbre assale il giovine, che muore il dì delle Ceneri, giusto otto giorni dopo (1). — Sennonchè per coteste leggende, pur non tenendo conto della fine che non è tragica in tutte, conviene notare che della lor prima apparizione non sappiam nulla, e metter quindi in guardia i critici da una facile illusione ottica. Più che fonti comuni, cui avrebbe attinto chi primo trasse sulle scene il seduttor di Siviglia, non potrebbero invece esser esse, con maggior verosimiglianza, un prodotto posteriore, spiegabilissimo se si pensa al delirio che suscitò in Europa la leggenda dongiovannesca, quando fu resa nota dalle innumerevoli produzioni drammatiche, improvvisate e scritte, che sorsero in breve tempo ed ebber così meravigliosa e pronta diffusione? La vantata rassomiglianza, in luogo di infirmare, rafforza tale argomentazione; più essa è grande, e più cresce il sospetto.

Quante leggende affini non corrono in Italia! La XXI delle *Novelle popolari toscane illustrate da G. Pitrè* (Firenze, 1885), raccolta dalla bocca di una tal Rosina Casini e intitolata *Don Giovanni*, non è che la storia del seduttore, ridotta a minimi termini e colorita alla toscana, non senza i tre famosi *Pentiti!* all'ultimo. Nelle « varianti e riscontri »,

---

(1) Non ho avuto agio di vedere una leggenda raccolta e narrata da BRET-HARTE in *Spanish and American Legends*: *L'occhio destro del Commendatore*, che potrebbe forse aver relazione con l'ombra di Don Gonzalo. — Cfr. *The collected works of B.-H.*, 2 voll., London, 1880.

oltre la ricordata storia di Leonzio che in un camposanto schernì e invitò a cena un teschio e fu da esso trascinato all'inferno (*Storia esemplare, la quale tratta di un uomo per nome Leonzio che stava sempre in allegria:* la vers. istriana in Ive, *Canti pop. istr.*, XXV, 6; la siciliana in Salomone-Marino, *Legg. pop. sicil.*, XXVI), il Pitrè cita la fiaba veneziana (Bernoni, *Legg. fantastiche pop.*, Venezia, 1873, VII): « De un signor che gà da 'na peada a un cragno da morto » (come in alcune leggende citate dal F.), un'altra ferrarese (*Riv. di filol. rom.*, II, 3-4; Ferraro, *Saggio di canti pop. racc. in Pontelagoscuro*, XIX), una storiella romana, *Don Giovanni* (Busk, *The folk-lore of Rome collected by Word of Mouths from the People*, London, 1874), ed osserva assai giustamente: « Il nostro Don Giovanni corre forse in tutta Italia, divulgato in gran parte dal teatro, come in Sicilia, dove la storia di Don Giovanni Tenorio è stata riprodotta sempre dalla così detta *Opra di li pupi*, cioè teatro delle marionette; ed è proverbiale la frase italiana anche presso il volgo: Pentiti, Don Giovanni! » Egli rammenta altresì la leggenda del noto bandito Giuseppe Mastrilli, ristampata in tutte le città italiane; e un'altra data dal Dandolo (*Monachismo e Leggende*, pp. 314-5) (1). — Una fiaba popolare: *Il desinare del morto* fu edita da G. Sacchi (*Ricoglitore ital. e stran.*, Milano, 1835, II, P. I, 311-6), che dà come fonte il *Calendario Lunese* di quell'anno.

Dissoluti sfrenati e temerari seduttori furono, sono e' saran sempre in ogni epoca e in ogni paese. Anche Giove non fu forse, secondo la signora de Girardin, « le doyen des séducteurs, le Lovelace de l'antiquité, le don Juan olympien dont la science était si redoutable et qui connaissait si parfaitement le coeurs des femmes, qu'il savait prendre tour à tour la forme, la qualité, le défaut qui devait plaire à chacune d'elles »? (2). E quanti libertini, a cominciar da Sesto Tarquinio, non annovera l'anti-

---

(1) Nello *Specchio della vera penit.* non ho trovato nulla che faccia al nostro caso, come suppose il Pitré. — L'articoletto di C. SIMIANI (*Stregonerie di Don Giovanni* [più esatto *da D. G.*], *Giorn. di Sicil.*, 17 febb. '90; riprod. in *Arch. p. le trad. pop.*, IX, 275-6), narra la storia d'un giovine che con stregonerie era riuscito a possedere una fanciulla. Nel cap.: *Conviti funebri* (*Alcune usanze conviviali del Canavese spigol. e ordin. da* G. DI GIOVANNI, Palermo, 1892), si parla dei banchetti che han luogo per la morte d'un parente o nel giorno dell'annuale commemorazione dei defunti. — Forse si farà cenno della leggenda del Convitato ne: « I prodigi de' Colossi e delle Statue » (*Ricreazione dei curiosi espressa nell'istoria* ecc. di D. DIEGO ZUNICA, Napoli, 1719, P. I). Cfr. PITRÉ, *Bibliogr. delle tradiz. pop. d'Italia*, Torino-Palermo, 1894.

(2) In un'elegia del Rota (*Carmina*, Napoli, 1572, I, VI) Ercole alle ripetute ripulse di Hercullana, rammentate le sue innumerevoli fortune amorose, esclama: « Talem olim *innumerae felici ardore puellae* Nolentem blando detinuere sinu ».

chità? Insister su ciò sarebbe affatto puerile: i vizi e le virtù sono comuni a tutti i popoli e a tutte le generazioni; e poichè un vizio non va mai scompagnato, non è strano che il libertino sia spesse volte un miscredente, e l'incredulo un dissoluto. Leggende quindi in cui son ritratti uomini violenti e vituperatori di fanciulle, non scarseggiano: il F. ne cita alcune. Rapitore di donne valentissimo e audacissimo fu re Edgar, e il bel cavaliere brettone Ignaurés, di cui mangiarono inconscie il cuore diletto, le ammaliava col dolcissimo canto. Al par di lui, seducevan le fanciulle con la melodia, secondo le leggende nordiche (tedesche, inglesi, olandesi, svedesi), Strömkarl, dio dei mari nella saga scandinava, e un gran numero di giovini incantatori, che cadean per lo più vittime dell'ultima sedotta, la più furba; ed io ricordo una fiaba, suppergiù eguale, che mi fu raccontata quand'ero fanciullo. Un mago avea attirato, una per volta, sei giovani sorelle, e dopo averle possedute e vincolate con l'incantesimo, le avea rinchiuse in una stanza del castello; quando volle far la stessa cerimonia con la settima, la più piccina, gli capitò male, chè questa, più accorta, riuscì con una serie di astuzie ad ammazzarlo, liberò le sorelle e s'impadronì dei tesori di lui. — Un terribile incantatore, che rapiva le fanciulle dai campi, dalla casa paterna ed anche dai piedi dell'altare, era Bucur, secondo che narra Carmen Sylva in uno dei suoi bellissimi *Pelesch-Märchen: La grotta della Jalomitza*. Fausto stesso, quello della leggenda primitiva, è un seduttor di fanciulle: coll'aiuto di Mefistofele ha al piacer suo le più belle donne che si trovino al mondo. E a questi si potrebbe anche aggiunger quel giovine, bello ed allegro Don Giovanni boreale che è Lemminkeinen del *Kalewala*, figlio di Lempo il maligno, conquistatore di fanciulle, epicureo ancor lui, scettico, valoroso guerriero e potente incantatore, che il Krohn chiama non senza ragione « en fullständig själsfrände till Don Juan » (1).

Ora, dal trovare descritti tipi di libertini in leggende nordiche non si può dedurre che la figura del seduttore di Siviglia sia colà nata e di là trasmessa alla Spagna. O che soltanto i popoli del settentrione potean concepire un mirabile prototipo di libertino, che in sè rispecchiasse gli uomini di siffatta natura? Non è forse naturale che una stessa concezione artistica sorga spontanea in luoghi e tempi diversi, quando ha un addentellato nella vita reale? E chi potrebbe asserire che in leggende asiatiche non sia mai ricordato un eroe libertino?

---

(1) Cfr. E. G. BONER, *Il Kalewala* (*N. Ant.*, giugno 1896). — La romanza azzorriana *Joãsinho*, il quale fra l'altre bravure « Enganou sete donzellas », posteriore molto probabilmente al *Burlador*, sarà emigrata colà dalla Spagna. — Volendo far dell'erudizione, si potrebbe anche citare il *Contrasto di Cielo Dalcamo*, in cui, scrisse il DE SANCTIS (*Saggio critico sul Petrarca*, Napoli, 1869, p. 16), « è rappresentato un Don Giovanni da taverna, che cerca di sedurre ed anche di far forza ad una giovane ».

La prima parte del più celebre romanzo della letteratura giapponese dell'età classica, del *Romanzo di Genji*, scritto nel secolo X per ordine dell'imperatrice dalla dama di corte Murasaki, e in cui son descritti i costumi della *high-life* giapponese di quell'epoca, è intitolata: *La giovinezza di Genji* (1). In essa son raccontate le innumerevoli conquiste e avventure amorose del principe Genji, il quale è appunto un Don Giovanni del nostro secolo. Anch'egli va in cerca dell'eterno femminino, che nella sua varietà infinita divien l'oggetto dei suoi pensieri, dei suoi desiderii, il pernio intorno al quale si svolge la vita di lui. Audace ed ardente, ebbe comuni con Don Giovanni il disdegno degli ostacoli, l'incostanza, il disprezzo d'ogni morale, la potenza della seduzione e i buoni successi. Dotato d'un cuore sempre pronto ad amare, è affettuoso verso le donne, grato e sincero nel primo impeto; ma il destino irresistibilmente lo rende infedele e lo spinge a nuovi amori. Molle e galante, non abbandona le vittime sventurate che allor che vi è costretto dalla natura sua: nell'abbandonarle ne ha compassione, se ne rimprovera, ma non può serbare la fede, giacchè ei si crede chiamato dal cielo a consolar tutte le donne e si contenta di compier le sue conquiste con la maggior dolcezza e buona grazia. Ecco un Don Giovanni giapponese del secolo X che potrebbe pretenderla ad antenato dello spagnuolo Tenorio. Più che al Don Juan di Tirso e di altri si avvicina a quello del De Musset e dell'Hoffmann, ma non pensaron certo a lui questi poeti allor che immaginaron nel loro eroe un aspiratore insoddisfatto d'un ideale inarrivabile!

Da ciò che si è detto appar dunque chiaro come la supposizione del F. che la leggenda di Don Giovanni sia penetrata in Ispagna dal Settentrione non abbia alcuna ragion d'essere. Delle prove addotte le più non hanno che un valore ben meschino; le poche, che appaion a prima vista notevoli, ne hanno uno molto dubbio. Dato pure ch'essa abbia nelle sue parti relazione con altre leggende di altri popoli, resterebbe sempre da spiegarsi il fatto, perchè, così fusa, comparve in Ispagna e non altrove; e converrebbe supporne una che fosse l'anello di congiunzione tra le fiabe ricordate e il primo dramma spagnuolo. E non è da tacere che cotesta divisione della leggenda in due parti distinte è affatto arbitraria e capricciosa, giacchè una tradizione non si forma mai di più elementi congiunti insieme da un legame fittizio. È vero che il F. scrive (p. 40): « L'importanza del *Burlador* sta nell'aver riunito la prima volta in un dramma le due parti della leggenda »; ma ciò non vuol dire che non avrebber potuto esser riunite avanti che nel dramma,

---

(1) Fu, la prima volta, tradotto in inglese da Suyematz Kenchio, *Genji Monogatari* (London, 1882).

e in ogni caso questa non è che un'altra affermazione del tutto gratuita.

Il F. stesso riconosce non senza una certa contraddizione che il peccare di Fausto è « più particolare alla riflessiva natura del Settentrione » e la peccaminosa indole di Don Giovanni « più propria alla razza bollente del Mezzodì »; e crede di togliere ogni contraddizione con la assai comoda ma infondata ipotesi, che « l'immaginazione rigida e tetra del Settentrione » abbia prima concepita la leggenda di Don Giovanni e di poi trasmessa nel mezzogiorno, ove si sia andata « man mano spogliando di certo carattere primitivo per vestirsi del meraviglioso e fantastico proprio all'immaginazione e alle credenze del mezzodì », trasformandosi nei racconti orali e assumendo, « anche per influenza del clero, forma particolare, certo quale colorito spagnuolo che fece poi supporre da tutti erroneamente esser essa originaria della Spagna, anzi di Siviglia ». Se per negare a Don Giovanni l'origine spagnuola si afferma ch'egli è di tutti i tempi e di tutti i paesi (1) e che non è esclusivo carattere di alcun popolo, con qual criterio poi si pretende di farlo originario del Settentrione ? E perchè, a spiegarne l'indole che è senza dubbio più propria del mezzogiorno, si adduce, in sostegno di quella tesi sbagliata, un'ipotesi che non ha alcun fondamento fuor che nella fantasia di chi la tira in ballo ? Con maggior verità scrisse il Cesareo del Don Giovanni (*Rassegna di lett. stran.*, in *N. Antol.*, 16 apr. 1887): egli è l'erede raggentilito di quegli incubi dei primi secoli della Chiesa, « al cui amore le donne soggiacevano per forza, oppresse, palpitanti, felici. E lo stesso esaltamento della voluttà trionfatrice contro le proibizioni del misticismo ufficiale. La leggenda di Don Giovanni non poteva germogliare se non in paese latino; perchè l'eroe sivigliano è il parteggiatore intrepido e rumoroso dei sensi troppo a lungo macerati da un rigido ascetismo. Egli è l'eroe dell'amore terreno, l'ultimo erede dell'ellenismo sereno » (2). Del resto, quanto poco sicuro fosse il F. delle sue argomentazioni, lo lascia trapelare egli stesso quando nella fine (p. 31) non può esimersi dal dichiarare che la sua congettura darà più o meno nel segno, ma che nessuno potrà ora, a suo giudizio, affermarla con determinatezza assoluta.

Riepilogando adunque e concludendo, mi si permetta, insino a che

---

(1) Il F. scrive infatti che « Fausto e Don Giovanni sono di tutti i popoli e di tutti i tempi » (p. 2): come ciò si accordi con la voluta provenienza dal Setentrione, non si capisce. — Ricorda egli poi la leggenda di Roberto il Diavolo: ma se per questa, prima delle versioni spagnuole, vi fu un famoso romanzo francese in prosa, del Don Giovanni nulla si trova in Europa prima della sua comparsa in Ispagna. — Della leggenda del Convitato si parla forse nel libro di P. STAPFER: *Les apparitions au théâtre* (Lausanne, 1877).

(2) Della superiorità dello Zorrilla come poeta lirico, di cui discorre il F. a p. 144, avea pur parlato il Cesareo in cotesta *Rassegna*.

non si dimostri con serietà di prove il contrario, di credere che la leggenda del Don Giovanni, così come ci si presenta, si sia formata in Ispagna, giacchè prima che in Ispagna non appare in altro paese una leggenda uguale (1); che il tipo del Don Giovanni sia schiettamente meridionale, e che i punti di contatto con le leggende di altri paesi si spieghino facilmente. Ritengo perciò che la leggenda, sia nel sorgere che nel continuo modificarsi, abbia accolto senza dubbio elementi comuni a tutti i popoli e già preesistenti in altre leggende nazionali e straniere, come le seduzioni, le violenze e i rapimenti delle fanciulle e le apparizioni di spiriti oltremondani, ma persisto nel parere che le leggende europee, citate innanzi, che maggiormente si accostano alla nostra, sian più che causa, effetto del diffondersi di essa. Opino che la leggenda, avanti che sul teatro, sia realmente esistita in Ispagna, sebbene ci sfugga; è infatti più verosimile supporla esistita nel paese ove ha ricevuto la prima estrinsecazione nel dramma che altrove; e non sarebbe strano l'ammettere che un qualche elemento storico abbia potuto contribuire a renderla più interessante (2). Il poeta, sia esso Tirso od altri, avrà naturalmente ricomposto, raddrizzato ed anche sviluppato l'informe abbozzo popolare, aggiungendo episodi e personaggi secondo che a lui interessava, drammatizzando insomma il racconto, ma difficilmente l'avrà creato lui, fondendo insieme di proposito leggende disparate, quelle cioè che sarebbero, secondo il F., le due parti distinte della leggenda.

Prima di finire, due osservazioncelle. Il F. chiama Fausto « fratello di sangue » di Don Giovanni, ed io non intendo negare o discutere cotesta parentela, intorno alla quale parole non ci appulcro; solo noto che, oltre che dal Magnin il quale scrisse (*Histoire des marionnettes*): « Don Juan Tenorio n'est-il pas un Faust de cape et d'épée, un frère méridional et sanguin du bilieux émule de Nostradamus et de Théophile ? », era stata già osservata dal Panzacchi (*Don Giovanni e Mozart*, in *N. Antol.*, 16 nov. 1887), dove dell'eroe di Göthe è detto: « questo don Giovanni semiluterano e germanico così diverso nella forma e insiem così somigliante nella essenza primigenia al suo maggior fratello latino » (3). — Non poca sorpresa desta poi nel lettore il F., quando,

---

(1) Il F. vuol credere (p. 9) che « solo dopo la comparsa del *Burlador*, si localizzasse a Siviglia ». Ma, di grazia, o dove era stata prima? — Più che localizzarsi in Siviglia, essa dovea esser nota da un pezzo, e non in Siviglia soltanto.

(2) Solo, beninteso, circa la vita dissoluta dell' eroe; in quanto alle apparizioni del Convitato, è naturale che manchi ogni fondamento storico.

(3) L'articolo del Panzacchi non è scevro d'inesattezze: « Gli sprazzi di festività e di buon umore che il Da Ponte *derivò nel suo libretto massime dalla limpida vena del dramma di Carlo Goldoni*, concorser felicemente a dar meglio al protagonista ed all'azione quel carattere moderno, quella estensione multiforme... ». — Anche T. Gautier chiamò Don Giovanni « le Faust de l'Amour ».

con rara ingenuità, così protesta: « *non credo* nemmen per sogno a quei fatterelli: ratti di donne e di fanciulle, scalate di conventi, funebri convegni e manifesti cenni del soprannaturale *che si narrano tuttodì con la maggior fede del mondo*, come realmente accaduti al « vero » ed « unico » Don Giovanni » (p. 9). Ai nostri giorni, in cui anche il volgo non presta più fede a coteste inverosimiglianze, si vorrebbe un po' sapere chi è mai quell'ameno spirito bizzarro, che prende alla lettera e sul serio la leggenda del Convitato di pietra!

II.

Autore del *Burlador* è generalmente creduto G. Tellez. Il F., pur augurandosi che un accurato esame dello stile e dell'arte delle indubbie produzioni di lui e del *Burlador* risolva la questione, nega cotesta paternità. Fu, ei dice, « una trovata di rapaci editori », per trarne lucro, l'affibbiare ad un autore celebre questo parto d'un ingegno mediocre, quando i furti sulla proprietà letteraria non eran rari. Mediocre infatti, contrariamente al giudizio del Gaspary, lo giudica il F., sebbene riconosca che non manca di notevoli sprazzi di luce, e talora il dialogo è conciso ed energico come in Lope; e altrove ammetta che il « poeta del *Burlador* sa scrivere versi ed ha all'uopo il dono dei grandi, di saper scolpire con due parole un carattere ed una situazione » (1). La prima stampa conosciuta è del 1630; ma quando fu scritto? ed è questa la 1.ª edizione? Senza volerne sostenere a ogni costo l'autenticità, non sarebbe forse lungi dal vero il sospetto esser Tirso l'autore del dramma, ma non così come è a noi pervenuto; spettare a lui la parte migliore, il resto doversi alle modificazioni e interpolazioni di ignoti rifacitori.

Leucino e Cristobal nel *L'Infamador* e *El Rufian dichoso*, Don Diego in *La costante Cordovesa* e gli altri, di cui il F. a pp. 32-5, non rassomiglian poi, quant'egli vorrebbe, a Tenorio. Di essi abbonda il teatro spagnuolo: son dei bricconi, audaci, spregiatori della fede e donnaioli, ma non stanno a paro col « burlador de mujeres ». In Calderon, oltre Enio (*Purgat. de San Patricio*), Eusebio (*Devoc. de la Cruz*), Don Juan (*No hay cosa como callar*), anche Cipriano di *El magico prodigioso* (2) è un po' don Giovanni: vien però convertito da Giu-

---

(1) P. 71. — Come il Goldoni e il Moratin, pensava male del *Burl.* l'arcade Lauriso Tragiense, che disse « non poter esservene al mondo un'altra più inetta, e più piena di improprietà e più colma di scelleratezze ».

(2) A torto suppone il Latour che Calderon desumesse alcuni particolari dalla legg. di Don Miguel de Mañara. V. l'ediz. di A. MOREL FATIO, Heilbronn, 1877, pp. XXXVIII-IX. — Erra evidentemente il GINGUENÉ allor che attribuisce al Calderon un « Festin de Pierre » che non ha mai scritto (*Hist. litt. d'Italie*, Paris, 1812, vol. VI, p. 3).

stina e muore martire, come Leonido nel *La fianza satisfecha* di Lope. In un modo simile al « burlador » si comporta nel *La fuerza lastimosa* di Lope il duca Ottavio, un libertino coi fiocchi. Udito il colloquio fra Dionisia ed Enrico, che si son dati convegno per la notte, fa trattener costui prigione dal re e riesce a giacere, non riconosciuto, con la donzella, che lo scambia pel fidanzato. Di questa comm. ha parlato il Gorra (*N. Antol.*, 1 ott. '96), giudicandola non priva di pregi, ma « molto difettosa sia nella pittura dei caratteri come nell'azione e nella composizione ».

Questione ben più spinosa è quella delle commedie italiane e degli scenari. Il F. fa bene a non metter in dubbio la traduzione del Giliberto, come fece il Gaspary, ma non so perchè è propenso a negare al Cicognini quella che porta il suo nome. Se per Tirso il dubbio non è privo di fondamento; se pel Gilib. non è giustificato dalla sola irreperibilità, giacchè anche il Perrucci è irreperibile (non mi è riuscito di aver fra le mani nè la 1.ª ediz. del 1678, nè la 2.ª del 1684, nè la 3.ª del 1690 « ridotta in miglior forma, ed abbellita, e riformata sotto nome di Enrico Preudarca »); pel Cic. il dubbio è davvero campato in aria. Che la traduzione, o riduzione, non sia bella, non dee sorprendere il F., s'egli afferma che il Cic. facea « molto sovente del grano spagnuolo farina per suo uso e consumo » e « non era certo poeta da supplire alle mende che deturpano il *Burlador* » (p. 45). Questa riflessione gli avrebbe fatto risparmiar tutti quei punti interrogativi, con cui accompagna il povero nome dello scrittore fiorentino. L'esemplare, da me veduto, è nel V tomo delle comm. del Cic. (Bibl. Brancac. di Napoli), che contiene: *Il C. d. p.*, *L' honorata povertà di Rinaldo*, *L' amorose furie d' Orlando*, *La caduta di Belissario* e la *Rappresentatione di S. Elisabetta Regina di Portugallo*. Nel frontispizio manca l'anno, e manca nei frontispizi speciali e nelle dediche delle prime tre comm., firmate con le iniz. *F. L.*; le ultime due furon stampate nel 1663 da B. Lupardi, le altre anche in quel torno di tempo, un decennio dopo la morte del Cic. († 1651 circa). Nella dedica della 1.ª a M. Bertoni si legge: « dovendo *uscire di nuovo alla luce* questo componimento Scenico et Esemplare del *C. d. p.* del Sig. Cicognini... »; questa preced. ediz. dovette farsi vivente l'autore, un po' prima di quella di Gil. (1652) e della rappres. dello scen. a Parigi (1657). Nel catal. in calce al vol., tra le comm. del Cic. vendibili dal Lupardi, il *C. d. p.* è la 6.ª (1). — Fra il Cic. e il Gil. le differenze eran pochissime, disse il Goldoni; e

---

(1) Non ho potuto vedere A. LISONI, *Un famoso commed. dimenticato* (*G. A. Cicognini*), *I. La vita*, Parma, 1896. — Che il *Don Juan* ital., rappr. a Parigi nel '57, fosse del Cic., credette, sebbene non con piena sicurezza, il MAGNIN (*R. des deux mondes*, 1.° febbr. 1847, p. 564 *n*).

sorprende assai il sospetto di malafede, o di leggerezza, che il F. verrebbe infliggere al gran comico (p. 44). Perchè ammetter capricciosamente ch'egli « fantasticasse » ? Se scrisse così, vuol dir che tale era il suo giudizio dopo averli letti. Quali fosser con precisione le « pochissime differenze », non si potrà stabilire senza averli presenti: probabilmente consistettero in lievi spostamenti di scene, aggiunte o troncamenti di personaggi ed episodi secondari. Ho fatto anch'io ricerche presso le due famiglie Giliberti di Solofra, ma nulla si è trovato nè stampato nè manoscritto: tuttavia non ho perduto la speranza che la comm. del solofrano risusciti un giorno e tronchi la discussione (1).

Da quale delle due comm. derivò lo scenario ? Da tutte e due forse, forse da nessuna direttamente. Infatti lo scen. non rimonta al 1657 ma al '62 (v. il mio *D. G.*, p. 16), e quello del '57 non fu forse il primo scen. del *C. d. pietra*. Dal '52 o poco prima, quando vider la luce le due riduz. ital., al '57 non era stato mai rappresentato in Italia ? Quello, in cui lo scen. (nella redazione del '62) non rassomiglia al Cic., potrebbe averlo desunto da Gil. o da un altro scenario o sarebbe il prodotto di infiltrazioni francesi posteriori; e non è da escluder del tutto, così per esso come per le comm. scritte francesi, un po' d'influenza, sia pur tardiva, di Tirso (come nega il F. a pp. 46, 49), se è noto che per gli sponsali di Luigi XIV venne a Parigi, al seguito dell'Infante, una compagnia spagn. che vi restò sino al 1672 (2). — Ma qual guazzabuglio non farebbe nascer, se vera, la notizia del Riccoboni, un *C. d. p.* recitarsi in Italia fin dal 1620 ? Cic. e Gil. non entrerebber più in campo, o il primo dovrebbe risalir di molti anni; essi, o il Gil. almeno, non sarebber più fonti degli scenari, ma nelle parti uniformi delle loro riduz. avrebber attinto entrambi alla comm. dell'arte (3).

---

(1) Un fatto simile mi accadde per *Il Georgio* di G. B. della Porta. Cfr. F. DE SIMONE BROUWER, *Una scena di sponsali*, Napoli, 1893, e *Giorn. stor.*, XXII, 421. — Intorno al Gil. posso dar due notizie che mi comunica B. Croce. Fu valentissimo astrologo e autore di: *Le Ruote dell' universo*, Napoli, 1660; il 10 dic. 1664 vide di notte una cometa caudata e profetizzò dei guai; il tremoto del 5 giugno 1688 e i mali che afflisser Solofra dettero ragione allo « scienziato » (!!!). V. *Memoria del Primicerio D. Giovan Sabato Juliani e di alcuni bravi cittadini di Solofra*, Avellino, 1889, p. 17.

(2) V. il mio *D. G.*, p. 50. Se a questa notizia non si dee prestar cieca fede, non la si può scartare senza ragione alcuna, come vuole il F. a p. 50.

(3) Il F. dice (p. 45) che le analogie sorprendenti fra lo scen. e il Cic. sono « spiegabili solo col fatto che il primo è basato sul secondo ». Or se in taluni casi è certo che dalle comm. scritte fu ricavato lo scenario, non è egualmente certo che in altri casi non sia avvenuto il contrario. — Nei miei appunti trovo: Scaramuccia rappresentò la prima volta il *C. d. p.* in Romagna nel 1633, e fu lui che lo portò in Francia verso il 1640 o '45. Dimenticai però di segnare la fonte della notizia, ed ora non posso indicarla. Sulla veridicità di essa ho poi tutt' i miei dubbi.

La questione diventerebbe più complicata. Fonte degli scenari sarebbe un ignoto scen. primitivo, l'orig. spagn. dovrebbe retroceder fino ai primi del '600, forse non sarebbe esso stesso il primo dr. sul Don Juan, forse... Dio, che ginepraio! Io non ho letto il Ricc., ma primo a citarlo è stato il F. in *Rev. crit. de hist. y liter. esp.*, I, 10: « ¿como se explica la representacion de un *Conv. d. p.* en Italia, ya en 1620, como afirma Riccoboni? », e non mi spiego perchè non ne abbia fatto cenno nel vol., neppur per negar la notizia o correggerla, come in altra circostanza (p. 69, *n.*). In mezzo a sì fitto buio, quando di ipotesi se ne posson far tante, è meglio non farne alcuna e attendere i risultati di nuove e più fortunate ricerche.

Uno scenario completo del *C. d. p.* ha rinvenuto l'anno scorso l'amico B. Croce in una raccolta di scen. copiata dal comico A. Passanti, detto Oratio il Calabrese, per il conte di Casamarciano nel 1700. Ne ho tratto copia, ma non ho agio ora di esaminarlo minutamente: aggiungerò solo alcuni raffronti non inutili (1).

Nell'assieme lo scen. del Cr., salvo alcuni spostamenti di scena, segue il Cic. — Atto I: Sc. I, Cic. I-IV; Sc. II, Cic. VII; Sc. III, Cic. V-VI; Sc. IV, Cic. VIII-IX; Sc. V, Cic. XII; Sc. VI, Cic. X, XI, XIII. — Atto II: Sc. I, Cic. II; Sc. parte della II, Cic. I; Sc. IV, Cic. III - VI; Sc. V, Cic. VII - XIII; Sc. VI, Cic. XV - XVI. — Atto III: Sc. parte della I, Cic. I-II; Sc. parte della II, Cic. III-IV, VII; Sc. III, Cic. V; Sc. V, Cic. parte dell'VIII; Sc. VI, Cic. VI, parte dell'VIII, IX-X; Sc. VII, Cic. ult. scena. Del Cic. manca la canzone finale (III, 8): « Giunta è l'ora fatal, malvaggio e rio, Che più nelle lascive non starai, E se l'onor altrui tradito havrai, Il castigo è sicur ora da Dio. In questo punto ti conviene il fio Pagar de' tuoi misfatti; e tu ben sai, Ch'è detto vero del sommo motore, Che alla fin chi mal vive, mal si more », e mancan lo scherzo di Passarino a Fichetto che gli domanda del reo (Cic. II, 12), l'intenzione nel servo di rivelar l'assassino del Comm. (II, 13) e la scena di Passarino con gli sbirri (II, 14), comuni allo scen. francese. Confrontata col nostro la parte che ci resta di quest'ultimo, essa ha in più la scena di Arlecchino col re e le tre storielle di lui, l'altra ove Don Juan gli suggerisce il modo di regolarsi riguardo alla morte di Ulloa, quel tanto di ipocrisia che traspare dall'inginocchiarsi di Don Juan agli umili rimproveri del valletto « pour implorer la clémence de Jupiter » (aggiunta dovuta all'influenza del dr. di Molière, che non è nel Cicognini nè dovette esser nello scen. più antico), i saluti replicati di Arlecchino a Pantalone, le burle col cappotto e col fazzoletto di costui,

---

(1) Di due racc. era possessore il Cr. e ne ha dato comunicazione nel *Giorn. stor.*, XXIX, 211 e sgg. — Ora le ha donate alla Bibl. Naz. di Napoli, atto generoso che gli fa molto onore.

la vescica che scoppia e i lazzi non pochi durante il pranzo, fra cui quello « de la mouche qu'il veut tuer sur le visage de Don Juan », ripetuto dal Cerlone in una delle sue commedie (1). In pochi luoghi il nostro scen. si discosta dai modelli preced., e sono il venir di Rosetta (la Brunetta del Cic.) alla riva del mare a pescare, la goffaggine di Pollicinella che inavvedutamente scopre al duca il rifugio del padrone, la scena di lui con un Pozzolano « dell'antichità di Pozzolo e di essere setti fratelli », varie scene tra Rosetta, i suoi parenti, Coviello e il Pozzolano, e qualch'altra inezia. Bastan però a dare ad esso una schietta impronta napolitana (Rosetta e i congiunti di lei son detti « napolitani »), caratterizzata soprattutto dalla presenza di Pollicinella. Ognun sa come questa maschera per lo più non compare nelle raccolte già note di scenari, di A. Bartoli, della Corsiniana, della Casanatense, e neppur credo in quella recentemente ritrovata dal Rossi (2); mentre nelle raccolte del Cr. Poll. non si ecclissa mai. Il Cr. osserva nella « comunicazione » citata (p. 214): « a me sembra derivante non solo dalla riduzione del Cic., ma anche, direttamente o indirettamente, dall'orig. spag., per alcuni particolari che non sono nel Cic. e per qualche frase spagn. rimasta intatta ». Il nome di Tisbea invero, la scena di Don Giovanni col servo appena giunto in Castiglia — « loda la bellezza della città, la bizzaria de' cavalieri e la beltà delle dame, e promette goderne quantità » —, il paggio che consegna per isbaglio a Don Giovanni la lettera diretta al duca e qualche altra piccola traccia spagnuola, manifestan realmente una diretta o indiretta influenza di Tirso. Non però la seguente frase che il Cr. mi faceva notare: « Don Giovanni li chiede [al duca Ottavio] improvviso la cappa et cappello per andare a fare un perro », giacchè se in T. è detto (II, 12): « Mientras a la calle vais, Yo dar un perro quisiera.— Vamos, y poneos mi capa, Para que mejor lo deis », in Cic. si legge (II, 1): « Desidero un favore da voi, o Duca. — Non mancherò a chi vivo obbligato. — Il vostro mantello, et il cappello, perchè tengo andare per fare un pero morto (sic) questa notte ». E qui non si può soffocare la solita enimmatica domanda: quel poco che vi è di simile con T. e che non si trova nel Cic., non sarebbe derivato dal Gilib.? e non sarebber queste appunto le « pochissime differenze » tra le due riduzioni italiane?

Il nostro scen. è adunque interessante davvero per questo ravvicinarsi al dr. spagn., per essere in qualcosa originale, e specialmente

---

(1) La gran quantità di lazzi nello scen. franc. è giustificata, perchè non comprende che la parte del servo: nel nostro essi sono indicati sommariamente così: « dopo lazzi con Pollicinella si pone [Don Giovanni] a mangiar ».

(2) V. Rossi, *I « Suppositi » dell'Ariosto ridotti a scenario di commedia improvvisa*, Bergamo 1895; e *Una comm. di G. B. della Porta ed un nuovo Scenario*, Milano, 1896. — Cfr. questa *Rassegna*: I, 31 e 140-3.

perchè è l'unico scenario integro del *C. d. p.*—In quanto a cronologia, non si ha ragione di crederlo anteriore a quello francese, come par pensi il Cr.; sembra più giusto l'ascriverlo agli ultimi decennii del sec. XVII. Esso è una copia, salvata dal naufragio, delle tante che corsero dalla metà del '600 in poi per le mani dei comici, e non è improbabile che il tempo galantuomo non ne faccia rinvenire qualch'altra: spira ora vento favorevole per la commedia dell'arte, e il frequente succedersi da alcuni anni di ritrovamenti di scenari ha già accumulato un sufficiente materiale per la futura storia letteraria di questa forma drammatica popolare. Gli scenari in generale venivano ricopiati, o piuttosto mal copiati, da amanuensi ignoranti o da attori da strapazzo, alterati o per insipienza o a bella posta per ispirito di novità, modificati, rabberciati, diluiti, guastati, raffazzonati in mille e mille modi, sì che alla fine sarebbe stato impossibile stabilire a chi spettasse la proprietà letteraria di tutto o parte di ciascun scenario. Essi sono, a un di presso, come quegli edifici di antica costruzione, a cui il continuo rinnovarsi dei proprietari, ognun dei quali volle, a torto o a ragione, lasciarvi la traccia del proprio gusto e della propria abilità architettonica, ha fatto assumere un aspetto che è poi il prodotto strano e caotico di molti nonsensi e di molte brutture. Quante redazioni ebbe lo scen. del *C. d. p.*? A giudicar dal furore che per un pezzo destò nel pubblico, furono innumerevoli (1). Che per far quattrini bastasse porre in iscena il *Don Giovanni*, oltre che il Cerlone, lo accennò più volte con disgusto il Goldoni nelle *Memorie* e quando volle sferzare i sostenitori della commedia improvvisa. Nel *Teatro comico* (I, 11), nel metterli alla berlina, fa dire a Lelio, poeta di commedie a soggetto: « Chi sono costoro che pretendono tutto a un tratto di rinnovare il Teatro comico? Si danno ad intendere per avere esposte al pubblico alcune commedie nuove di cancellare tutte le vecchie? Non sarà mai vero; e con la loro novità non arriveranno mai a far tanti danari, quanti ne ha fatti per tanti anni il *gran Convitato di Pietra* ». Copie manoscritte del *Conv.*, fritture e rifritture degli stessi episodi, mutilate e rappezzate come ho detto, abbondarono pure in questo secolo, e fino a pochi anni fa ne andavano ancora in giro in Napoli parecchie. Il teatro delle marionette che lo avea accolto ben presto dalla prima apparizione nel suo repertorio, dopo

---

(1) Loret annunziò così la recita del *Don Juan* di Molière nella *Gazette en vers* del 14 febbr. 1665:

> L'effroyable *Festin de Pierre,*
> *Si fameux par toute la terre,*
> Et qui réussissait si bien
> Sur le Théâtre-Italien,
> Va commencer.......

che scomparve dai teatri seri, lo conservò sempre e s'incaricò lui di divulgarlo maggiormente in tutta Europa, travisandolo nelle più capricciose maniere con strani adattamenti e facendone soggetto di farse, fantocciate, pantomime, *puppetplays, puppenspiele, saynètes, juguetes comicos,* con tutti i sensi e per tutti i palati. Qualche rappresent. sul *D. G.* ricordo ancor io d'aver ascoltato al teatro dei pupi, circa venti anni fa; forse sarà stato quello stesso *C. d. p.* smarrito, che, sette od otto anni addietro, si seguitava a recitare in Napoli, nella piazza di Castel Nuovo, all'ormai distrutto teatro del Sebeto, secondo mi fa sapere l'amico prof. L. Rocco. Il quale mi ha fatto cenno d'un altro *Conv.* d'un tal De Petra (?), e mi ha assicurato averne scritto uno il Cerlone, che però non mi fu dato di rintracciare.

Difficile è anche affermar con certezza donde gli autori francesi, Dorimond e De Villiers (Molière sta da sè per mille buone ragioni (1)) abbian tratto quel che non è nello scenario. Quel che ricorda Tirso essi (e in ciò anche il Molière nei due brani da me citati altrove: v. il mio *D. G.*, p. 32) non dovettero, pare, a T. direttamente ma ad altra fonte, e più che al Cic. o al Gil., che forse non lesser mai, ad una o più versioni dello scen., se si pensa ch'eran comici e preferivan perciò di attinger le idee dai manoscritti dei loro compagni; il resto o trassero dalla comm. dell'arte o inventarono di pianta (2). Il De Villiers chiamò espressamente l'opera sua « traduction de l'italien », ma non fece il nome dell'autore ital.; il che forse mostrerebbe trattarsi d'uno scenario che andava in giro, anonimo. Se citò il modello ital. con l'apparente motivo di non farsi un merito dei pregi altrui e un aggravio dei difetti, lo fece per non dichiararsi responsabile di quest'ultimi che nel suo *Festin* non son pochi, e per sfuggire all'accusa di plagio, avendo egli copiato abbastanza dal Dorimond. — Il Rosimond invece, ultimo de' rifacitori francesi, pur aggiungendo qualcosa di suo (v. il mio *D.*

---

(1) Quanto poco togliesse dallo scen. e quanto aggiungesse mirabilmente di suo ho mostrato nel mio *D. G.*, pp. 23-7. — Noto alla sfuggita un raffronto che non è una scoverta. Dal *Don Juan* di Molière imitò H. Murger nella *Bohème* la scena umoristica tra i *bohémiens* e il proprietario della casa: il M. cita esplicitamente la scena tra Don Giov. e M. Dimanche. Dal romanzo il Mur. stesso la trasportò nella comm. omonima, e con molta viscomica e ottimo effetto musicale è stata riprodotta nell'atto I del melodr. del Puccini (1896). — Noto pure di sfuggita un *lapsus calami* del FARINELLI a p. 77: « Carino fa la stessa triste figura di *Mathurine* »: leggasi invece Pierrot.

(2) In entrambi gli scrittori francesi si ha *Fistin de Perre*. Sull'equivoco di *pierre* in Pierre, v. il mio *D. G.*, p. 25. — Il De Villiers dichiarò di aver scritto il suo *Festin* pel successo che otteneva sulle scene « la figure de Dom Pierre et de son cheval ».

G., pp. 41-7), non si giovò che di Molière e degli scenari: del primo fin troppo.

In Inghilterra, dopo lo Shadwell, qualche pantomima e la versione dal Molière dell'Ozell, ebbe uno strepitoso successo un dramma popolare: *Punch and Judy*. Verso la metà del '700, accanto al Punch allegro, gioviale, chiacchierone, era comparso un altro Punch, ironico e diabolicissimo, che fu il preferito in molte farse, dove diventa un « little fellow », libertino e brutale. Questo Punch fu paragonato a Don Giovanni, ma erroneamente suppose chi, come W. Hone, disse aver esso originato il « burlador »; quando lo Shadwell scrisse *The Libertine destroyed* (1676), Pulcinella non avea ancor varcata la Manica. Il Payne-Collier che pubblicò la *Tragical comedy of Punch and Judy* (1828), ricavata dal ms. d'un Piccini, vecchio giocatore italiano di marionette stabilito a Londra, e dai raffronti coi copioni di parecchi « puppet-players » ambulanti, lo crede sorto dopo il furore suscitato dall'opera di Mozart; e chiama Punch il Don Juan della plebaglia. Un testo assai antico, secondo lui, sarebbe una ballata: *Le bricconate di M. Punch*, scritta da un amatore dopo una rappresent. del *Punch and Judy*. Dice di averla estratta da una raccolta di produzioni stampate e manoscritte degli anni 1791-93, ma il Magnin sospetta che ne sia lui l'autore. Vi è raccontata la storia di Punch come è sceneggiata nel dramma (1).

Era M. Punch un uomo vigliacco e cattivo, che avea una moglie bellissima, Giuditta, e un figliuolo. Con un naso d'elefante e sul dorso una gobba paradossale, avrebbe dovuto incuter paura; ma una voce da sirena gli permetteva di sedurre le donne. Feroce e crudele, non sapea contentarsi di una sola (2). Si procurò un'amante, e poichè la moglie espresse in una maniera un po' viva il suo risentimento, con un colpo di bastone le staccò il capo dal busto e, agguantato il figliuolo, lo buttò dalla finestra. I parenti della morta vennero a chieder ragione, ma furon serviti allo stesso modo. P. s'infischia delle leggi: nel suo viaggio circumterraqueo tre sole donne gli resistettero, una sempliciotta di campagna, una badessa e una donnaccia da trivio, la più svergognata tra le femmine di malaffare. In Italia trovò le donne peggiori, in Francia avean la voce troppo alta, in Inghilterra timidette al principio eran poi le amanti migliori, in Ispagna fine ma fragili, in Germania fredde come la neve. Più al nord non andò, ma nelle sue corse quanto sangue non

---

(1) V. MAGNIN, *Hist. génér. des marion., Répert. et caractère de Punch.*

(2) Anche nella comm. dell'arte Pulc. tresca con più ragazze, ma qui è un seduttore di professione. È inutile dir poi che i capitani della comm. dell'arte non sono che la caricatura di Don Juan; come pure i notissimi tipi di Falstaff e Don Quijote.

fu sparso da lui! A centinaia caddero, vittime infelici, padri e mariti. Condannato alla forca al suo ritorno in patria, col pretesto di apprendere il modo di servirsi della corda, la fe' passare intorno al collo del boia; e la vinse pure sul diavolo ch'era venuto a strappargli l'anima. — Il Payne-Collier pubblicò anche un sonetto del Byron sulle prodezze di Punch: ne diede la vers. franc. il Magnin (*Op. cit.*, l. c.), mostrandosi poco disposto ad ammetterne l'autenticità (1).

Un Don Giovanni del secolo scorso è il principal personaggio della *Clarissa Harlowe* di Richardson. Lovelace è il tipo del libertino amante delle imprese difficili, dell'inglese freddo, calcolatore, egoista. Da che la fantasia di questo scrittore rappresentò in Lovelace il Don Juan britannico, dal desiderio ardente e tenace nei propositi, i Lovelace abbondarono, variarono secondo l'intenzione e il piacer degli autori, e con quel nome s'indicò così il giovine ricco, vizioso, elegante, corretto e di spirito, come il volgare scannadonne da piazza, l'amante da bordello. Quanti eroi di romanzi non s'atteggiarono alla Lovelace! Ne cito solo i tre o quattro che ho segnati nei miei appunti. — Nel dr. in 5 atti: *Le Lovelace francais ou la Jeunesse du duc de Richelieu* (Teat. franc., 1796) Monvel volea mostrare la corruzione dell'aristocrazia, ma dipinse un imbelle Richelieu, che rapisce alla fine la moglie d'un tappezziere. — L'ufficiale Richard de Fleminges è l'eroe d'una mediocre novella di P. de Molènes: *L'écueil de Lovelace* (*R. des deux mondes*, 15 dic. 1857). Disgustato di M.me De Pornais, attacca fuoco con una *pâtissière*, e finisce coll'amarla. La poesia, ei dice, ci mostra Don Juan colpito dalla mano del Commendatore: non è questa la fine della spaventosa leggenda. Don Giovanni avvinto dalla mano gentile e rosea di Maturina, ecco l'inferno per lui. Byron, che ha tolto a Mozart « l'âme frémissante de son Don Juan pour la mettre dans la poitrine de Lovelace, n'a-t-il pas aimé à Venise une *fornarina* ?» Sennonchè, con disillusione, apprende che la donna del suo cuore era tutt'altro che onesta (2). Meschino assai e scarso di pregi è *Le supplice d'un Lovelace* di A. Racot (Paris, 1883). Altri Lovelace sono: A. Achard, *Les petit-fils de Lovelace*, 1854; E. Blum e A. Rouff, *Le Lovelace du quartier latin*, comm.-vaud., 1862; H. de Braisne, *Un Lovelace*, 1888.

III.

G. Sand, per esporre certe sue bizzarre idee sul teatro, le pose in bocca di attori e cantanti nel *Le chateau des Désertes* (Paris, 1851),

---

(1) Non conosco che di nome: G. DUVAL, *Master Punch*, Paris, 1892. — *Le Punch grassot* è una *fol.-vaud.* di GRANGÉ e DELACOUR (1858).

(2) Il prof. Novati mi indicò pure: P. DE MOLÈNES, *Le gentilhomme*, ma non l'ho potuto ritrovare.

immaginando la rappresentazione fantastica d'un *Don Juan*, dove sarebber fusi varii elementi presi a prestito da Molière, dal Mozart e da una terza comm. originale, a soggetto. Ecco come questi attori si preparano alla recita: o improvvisano il dialogo su di uno scenario, giovandosi dei ricordi del testo e modificandolo a piacere; o inventano essi il soggetto, curando ognuno di trarne il miglior partito secondo la propria intelligenza e fantasia: così sono creatori e non servili interpreti soltanto (1). Nel *Don Juan* fanno di Elvira ed Anna una sola persona, che, nascosta nel cimitero, scovre dalle parole di Don Giov. a Leporello l'uccisore del padre e fugge soffocando un grido. Il servo dà un urlo e dice che le anime dei morti sono irritate: Don Juan l'obbliga a leggere l'iscrizione. Il III atto è tolto dal Da Ponte: nella festa campestre lo scenario supplisce alla mancanza della folla. Zerlina e Masetto parlano in milanese; Anna segue l'interpretazione dell'Hoffmann; e Ottavio pretende di esprimer la tenerezza, la devozione, l'indignazione, la perseveranza, come nel capolavoro di Mozart. Se il Don Juan di Molière è un marchese, dice il direttore della compagnia, quello del Da Ponte un demonio, quello di Hoffmann un angelo decaduto, l'attore deve accettare quest'ultima forma e perfezionarla. Don Juan non dee essere il « dissoluto castigato », ma un eroe corrotto, un cuore estinto dal vizio. Mozart solo compose musicalmente un'opera senza macchie. Al Molière fa difetto il movimento e la passione, ma lo stile del libretto è detestabile. Questo non ha lo sviluppo dei caratteri, ma il dramma francese manca del terribile episodio che apre sì violentemente e francamente l'azione nel testo italiano, la scena con Donn'Anna e l'uccisione del Commendatore; e manca pure del ballo e del ratto di Zerlina, drammaticissimo. Convien dunque fondere il dr. di Molière e il libretto italiano, e uniformarsi alla sublime concezione musicale di Mozart.

La fine d'un seduttore narra la C.ssa Dash [M.me Cisterne de Courtiras, visc.ssa di Saint-Mars] nel *La fin d'un Don Juan* (Paris, 1882²), descrizione della vita d'un cortigiano francese del sec. XVII. La D. aveva già pubblicato: *Les amours de Bussy-Rabutin* (Paris, 1888²); qui ne è raccontata l'ultima avventura con M.me de Miramion, in cui fa un buco nell'acqua. Costei spera invece di ricondurlo al Signore: « Je tâcherai de le ramener à Dieu, en me dévouant pour lui en secret... Je ne demande pas qu'il m'aime jamais, je demande qu'il soit sauvé ». Bussy muore infatti convertito e assai vecchio; ma ei non è il solo Don Juan del romanzo. Sevigné che dice: « Je ne sais rien

---

(1) « Le sentiment intime d'un acteur intelligent est la meilleure critique du rôle qu'il essaie », dice la S.—Or se ciò è in parte vero, che significa: « chacun avait sa règle écrite en caractères inflexibles dans la pensée » ?

au-dessus de la joie d' être amoureux, je le veux être toute ma vie; on double ainsi ses jouissances », non è diverso dal De Vardes, che fa morir di crepacuore la duchessa di Roquelaure. Nel sec. XVII, scrive la D., gl'intrighi, i segreti eran tali che « la moitié de l'existence se passait à expliquer l'autre. La Fronde fut le moment des comédies espagnoles. L' Espagne était partout, même dans la politique. Hélas! un seigneur qui se respectait devait avoir au moins dix aventures par mois; il devait lasser la renommée par ses prouesses amoureuses et guerrières, et garder un coin de son coeur dévoué au secret, à l'amour véritable, au malheur quelquefois, au bonheur souvent ».

Uno studio sul dongiovannismo credette di fare A. Hayem nel vol. *Le donjuanisme* (Paris, 1886), in cui Don Juan è dipinto con un pennello ben più realista. L'H. analizza l'individuo dal lato fisico e morale prima di rilasciargli il diploma dongiovannesco. All'uomo-Don Juan occorre, secondo lui, un collo solido e una salute di ferro, non esser nè linfatico nè anemico; poi, un animo insaziabile, crudele, amante di far soffrire, insensibile ai gemiti delle donne. Un ideale gli conviene: la sensazione indefinita, unica, che in sè condensa le altre. L' H. sa dirvi che ogni donna, da voi posseduta, vi avrà amato almeno un istante, e, in seguito a questa teoria e a non so quali misteriose rivelazioni, può assicurarvi che Lucrezia « dovette » amare il suo seduttore. Per guadagnarsi infine la vostra gratitudine vi fa... un augurio: come Caligola, il Don Juan del cesarismo, con un colpo volea troncar le teste dei sudditi, che a Voi sia dato imbattervi in una vittima suprema, la quale in sè comprenda tutte le Carlotte, Maturine ed Elvire che avrete iscritto nel taccuino dei vostri ricordi!!!

Di altri Don Giovanni, sfuggiti anche al F., oltre il *Don Juan d'Armana* dello stesso Hayem, ricordo i titoli: E. Jourdain, *Don Juan*, dr. fantast., Paris, 1857; Dutouquet, *Une aventure de Don Juan*, 1864; A. Genty, *La suite de Don Juan*, 1866; A. Houssaye, *Monsieur Don Juan (Les grandes dames)*, 1868; A. Theuriet, *Le Don Juan de Virloup*, 1877; Fortunio [P. Niboyet], *Don Juan de Paris*, 1880; J. Ferrand, *Le mariage de Don Juan*, 1883; Ph. Audebrand, *La sérénade de Don Juan*, 1887; *Le general Don Juan, étude contemp. p. l' A. de « Quand j'étais ministre »*, 1889; *Les aventures du charlatan X..... ou le Don Juan moderne, souvenirs d'outretombe*, anonimo, Besançon, 1889; M. Montégut, *Don Juan à Lesbos*, Paris, 1892; F. Held, *Der abenteuerliche Pfaffe Don Juan*, Leipzig, 1889; A. Ritter, *Don Juan auf dem Turnfest, Lustsp. in 2 Akt.*, in « Vereinstheater », n. 10, Mühlhausen, 1893; S. v. Barsony, *Der Bauern-Don-Juan*, in « Bibl. d. fremden Zungen », v. XX, 1893; G. v. Freiberg [Frau Ada Pinelli], *Don Juan de Marana*, monodrama, mus. di A. Boczek, Leipzig, 1894; F. Held, *Don Juan's Ratskellerkneipen*, Berlin, 1894; H. Abt, *Der fünfstöckige Don Juan*, Dresden, 1895; A. Zapp, *Lieutenant Don Juan, erbauliche Zeitbilder*, Berlin, 1896 (1); un compon. drammatico d'ignoto autore, *En Don Juan de Espina* (2); M. Fernandez y Gonzales, *Los Tenorios de hoy, cuadros del natural*, Madrid, 1874; E. Ceballos Quintana, *El libro de Don Juan soldado*, 1876 (3). Di Don Giovanni burleschi, all' infuori di quelli di Trautmann e di Halm, di cui fa cenno il F. a p. 128, ne rammento altri sette: *La cena di Don Giovanni* (n. 699 del *Flor. dramm.*, Milano; riduz. di D. Bassi senza nome di autore); *Un nuovo Don Giovanni*, Firenze, libera vers. di G. Vestri dall'orig. di un tal Bousier (?); C. Cabot e A. de Jallais, *Le médecin sans enfants ou le Don Juan de Vincennes, et ce qu'on perd quand on a une paire de pères*, parodia, Paris, 1856; P. Endel e E. Mangin, *La statue du Commandeur, pantomime en 3 actes*, 1892 (4); L. Torromè, *Tenorio y Mejia, juguete comico en un acto y en verso*, Valencia, 1877; H. Stempfle, *Ein moderner Don Juan, Lustsp. in 1 Akt*, in « Neue Bibl. des deut. Theater », v. IV, Leipzig, 1886; C. Ney, *Ein Don Juan wider Willen, Schwank in 1 Akt*, Erfürt, 1886 (5). — Un

---

(1) In Germania fu fatta anche una pubbl. *Don Juan - Serie* in 3 voll., Berlin, 1890. Son traduz. dal franc.: I. BELOT, *Jugendfünden*, II. HOUSSAYE, *Evastöchter*, III. DROZ, *An der Quelle der Freude*. Aut. delle vers. è E. Berg. — Riguarda il Don Giovanni: K. ADELMANN, *Donna Elvira (Don Juan) als Kunstideal und in ihrer Verkörperung auf der Münchener Hofbühne*, München, 1888.

(2) Lo nota a p. 656 del suo *Catal. bibliogr. y biogr. del teat. ant. esp. desde sus orig. hasta mediados del sig. XVIII* C. A. DE LA BARRERA Y LEYRADO, Madrid, 1860. A p. 658 nota una commediola: *Burlador de mozas*, pur anonima, che mi rimanda colla mente alla nov. di M. PINA DOMINGUEZ, *Un seductor de criadas*, Madrid, 1876.

(3) Nel 1878 il Q. pubblicò un altro vol.: *El talisman de Juan soldado*, che forse si ricollega col primo.

(4) Una sciocchezza è L. GOZLAN, *Les 5 minutes du Commandeur*, che è un comm. dell'ordine di Malta; il G. tolse il tema dal rom. d'appendice: *Le dragon rouge*. — Ricordo il titolo d'un' op. com. di H. BOISSEAUX: *Le duel du Commandeur*, mus. di TH. DE LAJART (1857).

(5) Ha l'identico titolo della comm. di P. F. TRAUTMANN, *Ein Don Juan wider Willen*, Berlin, 1856. Il T. la ricavò da un rom. di E. Flygare-Carlen. — Non so se e quanto interesse abbian per noi: DE FONBONE, *Don Juan de Servandona*, Paris, 1842; FONTAINE, *Don Juan Carréguy*, 1852; J. AUTRAN, *Don Juan de Padilla*; DU HAMEL, *Don Juan de Padilla*, 1862; F. CABALLERO, *Don Juan Luis*, 1863; VISC. DE SAN JAVIER, *Don Juan el Tuerto*, Madrid, 1875; V. BALAGUER, *Don Juan de Serrallonga*, Barcelona, 1877; J. ORTEGA MUNILLA, *Don Juan Solo*, Madrid, 1880; H. HOPFEN, *Mein Onkel Don Juan*, Berlin, 1881. Certo non ne ha l'insipido romanzo del BRESCIANI, *Don Giovanni*, trad. perfino in franc. (Paris, 1859) e in tedesco (Regensburg, 1879)!! — Il titolo della commediola *El que espera... desespera* di E. NAVARRO Y GONZALVO, Madrid, 1874, fa sovvenire dei versi del *Burlador*: « El que un bien gozar espera, Cuanto espera desespera ».

pessimo imbastimento in 7 atti del *Don Juan de Marana* di un Rodriquez Estebany ho udito in Napoli nel 1896 al Teatro Nuovo, copia orribile del dr. di Dumas. L'artista A. Grisanti mi disse d'averlo trascritto da un copione d' un comico in Alessandria d' Egitto. — Per i « couplets » d'una delle versioni del *Don Juan de Marana* di Dumas, che si fecer molti anni fa in Napoli, scrisse la musica Michele Ruta (1).— Un' opera buffa col Pulcinella, *Il nuovo Don Giovanni*, fu data, anni fa, in Napoli, nei teatri Fenice e Partenope, e non rammento più i nomi del poeta e del musicista. — Infine d'un *Don Giovanni Tenorio*, melodr. del Manent (Barcellona, 1875), trovo notizia in un articoletto di G. A. Biaggi su *W. Mozart* (2).

Di tipi più o men dongiovanneschi abbondano le moderne letterature; Don Giovanni o no, il nome poco importa: in romanzi, novelle, drammi, poemi, bozzetti, seduttori e *viveurs* sfilano a centinaia in una interminabile e monotona processione. — Un seduttore slavo, derivazione dell' *Eugenio Onjegin* del Puschkin, è *L'eroe dei nostri giorni* del Lermontoff, Gregor. Alessandrowitch Petshorin, giovine colpito dal « tedium vitæ » o nostalgia della morte. Ora vi mostra un'anima generosa, appassionata, gentile; ora crudele, maligno, sarcastico, vi fa ribrezzo o, meglio, si fa ribrezzo egli stesso. Ha in fondo un che di tetro e misterioso, che spaventa ed agghiaccia e che, del resto, è proprio dell'indole russa (un prov. pop. dice: La natura è una pazzerella; il fato una gallina vecchia; e la vita non vale una paglia!). In Petshorin il L. riprodusse il suo carattere: una parodia di esso è il Tchitchikoff delle *Anime morte* di N. Gogol, ed una copia non bella è nel poema di J. E. Alaux: *Un fils du siècle* (Paris, 1882). Rammento altresì:

---

(1) Un vol.: *Les Marana* scrisse H. BALZAC. Un libro di M. FERNANDEZ Y GONZALES s'intitola: *Don Miguel de Mañara, memorias del tiempo de Carlos V*, Madrid, 1877. Ignoro se si riferisca al Marana la leggenda lirico-dramm. *Los rosales de Mañara* (Sevilla, 1874) di M. CANO Y CUETO, il noto autore delle *Leyendas y tradiciones de Sevilla*, Sevilla, 1875; e la novella *Angel caido* di M. L. CORIA, Madrid, 1884, che ricorda *La chute d'un ange* del LAMARTINE e il poema *El Angel caido* dell' ECHEVERRIA.

(2) *N. Antol.*, 16 genn. '92. — Di un *Don Giovanni*, melodr. napol. rappr. un 60 anni fa, mi parla l'amico A. Miola, e non dovrebbe essere quello del Lorenzi, giacchè la musica non era del Tritto. — Per *L'Impresario in angustie con farsa Il Conv. di pietra da rappres. nel teat. di Capua per ult. opera in mus. in questo Carnevale*, In Napoli, 1793, v. *Giorn. stor.*, IX, 279. Noto qui di passaggio che in varii particolari il libretto del Lor. concorda con lo scenario del Croce. — Sul *Don Juan* di Mozart in Monaco scrisse testè E. POSSART: *Ueber die Neueinstudierung und Neuszenierung des Mozart' schen Don Juan auf dem Kgl. Residenztheater zu München*, München, 1896.

Don Juan, nel mediocre romanzo di G. Ferruggi: *Il fascino* (Milano, 1896). E i Don Giovanni delle canzonette? Riferisco la prima che mi capita. Nell' *Enfant cheri des dames* di un tal Picard è questa strofe: « Pour charmer l'ennui de l'absence, A vingt beautés je fais la cour: Laissant aux sots l'ennuyeuse costance, Je les adore tour à tour. » — Hanno, o sembran di avere dal titolo, relazione col nostro soggetto: Bergsoé, *L' homme de pierre*, Paris, 1886; Ricard, *L'amoureux d'onze mille vierges*, 1846; Dumanoir e De Biéville, *Les fanfarons du vice*, 1856; Deslandes e Potier, *Vingt-ans ou la vie d'un séducteur*, 1858; Deslandes e Rimbault, *Le dompteur des femmes*, 1859; De Kock, *Un libertin*; De Mirecourt, *Les libertins*, 1855; *Les libertins en campagne*, anonimo, 1870; De Vallières, *Les vieux libertins*, 1873; Di Frêne, *L'école des libertins*, 1884; Ortega y Frias, *Los libertinos*, Madrid, 1886; Becerro, *Los viciosos*, 1877; Hungerford, *An unsatisfactory lover*; *Liebesabent. ein. alt. Wiener Junggesellen*, Wien, 1794; *Liebesabent. ein. jungen Edelmannes od. Schäferstunden ein. galanten Herren*, Leipzig, 1811; Hellbach, *Liebesabent. ein. alt. Junggesellen*, Wien, 1886. Chi non ricorda *Gli amori e le avventure* di G. Casanova di Seingalt? Un romanzo *The amours of the Chev. de Faublas* scrisse l'illustre M. W. Thackeray (1).

Alla concezione del Don Giovanni, cinico, miscredente, sfrontato, si accoppiò in tempi a noi vicini l'altra d' una donna ugualmente ribelle ad ogni freno morale, il rovescio della medaglia, una Don Giovanni-femmina, scettica e seduttrice (2). L'eroina *Gräfin Faustine* (Berlin, 1837) di Ida Hahn-Hahn, chiamata dall'autrice un'egoista sublime, è una giovine viziosa e violenta. Passa dall' amore del conte Andlau a quello del conte Mengen, e dopo abbandona ancor lui. Svanito un amore, nulla la rattiene dal concepirne un altro: finisce tuttavia monaca in un convento di Pisa. Tipo di donna senza cuore, fu riprodotto dalla H. in

---

(1) Un romanzetto *Carlo il seduttore* fu stampato anni fa a Firenze. — *Un homme d' ajourd' huj* di H. Rabusson (Paris, 1887) non è un seduttore ma un egoista avido di arricchirsi. Di De Lavergne, *Un gentil. d'ajourd.*, 1847, e Charlie, *Les gentil. d'aujourd.*, 1884, non so che il titolo. Neppur ci interessano J. Lorrain, *Une femme par jour*, 1896, e J. Renard, *Le coureur de filles*, 1888: il primo è una raccolta di 20 brevi profili di parigine più o meno... libere, il secondo è una novelletta senza sugo e priva affatto di buonsenso. V. Boulanger, *Un jeune homme qui n'aime que les femmes mariées* (com., Angers, 1887) ricorda lo Zarchi della nov. di F. de Giorgi (Farinelli, p. 148, n.). — Anche il diavolo ha avuto i suoi non pochi amori. Non posso ora registrarli, e ricorderò appena: Houssaye, *Les femmes du diable*, 1876; *Les amours du diable*, op.-féer. di Saint-Georges, mus. di Grisas, 1852. V. pure A. Graf, *Il diavolo*, Milano, 1889.

(2) Sulla leggenda della famosa regina di Napoli, v. G. Amalfi, *La regina Giovanna nella tradizione*, Napoli, 1892.

Caterina Desmont (*Der Rechte*, Berlin, 1839) e un po' anche in *Ilda Schönholm* (Berlin, 1838). A idearlo contribuì forse la vita di lei: maritata a un cugino, divorziò dopo due anni, e si dette alle lettere, seguendo la scuola della Sand: come la contessa Faustina, morì nel monastero da lei fondato per le pentite a Magonza (1). Nel « poema drammatico » *Dona Juana* (Paris, 1873) G. Vinot immaginò una madama-Don Giovanni che va alla caccia del maschio, volgare donnaccia, che non ha neppur il merito di Don Juan di dover superare le resistenze e vincer gli ostacoli, giacchè le sue vittime non domandano che d'esser vinte; e a nulla vale la effimera lotta che l'autore le fa sostenere nella seduzione d'un abbate.—Una donna, suppergiù della stessa natura, è la protagonista d'un insensato romanzo del Lubomirski: *Les viveurs d'hier* (Paris, 1878). Anche più ributtanti sono l'eroina del *La Dévorante* di J. Touzin (Paris, 1879), una Frine che divora la fortuna, l'onore e la salute degli amanti, e *La Révoltée* di C. Vignon (Paris, 1879; una comm. *Les Révoltées* scrisse pure il Gondinet nel 1865). Una giovine moglie che si dà in braccio ad illeciti piaceri è ritratta in *Jours d'amour* di A. Courmes (Paris, 1885). Ma chi potrebbe annoverare tutti i tipi di donne seduttrici delle moderne letterature? Ne riferisco alcuni, come mi vien fatto e senza pretesa d'erudizione: L. Thiboust, *Madame Lovelace*, Paris, 1856; G. Claudin, *Lady Don Juan*, 1882; L. Stapleaux, *Les viveuses de Paris*, 1880; A. Houssaye, *Madame Phryné*; A. Lemaine, *La femme aux trentesix amants ou le Vampire femelle*, 1872; M. Montégut, *Madame Tout le monde* (1893; *La mujer de todo el mundo* è, se non m'inganno, il titolo d'un vol. di A. Sarin, Madrid, 1885); H. Murger, *Dona Sirène*, 1874; J. Ducharme, *La Sirène*, 1886; J. Méry, *La Circé de Paris*, 1864; T. A. Trollope, *A Siren*; M.rs Hungerford, *A modern Circe*; R. Voss, *Die neue Circe*, Dresden, 1892; G. Engel, *Zauberin Circe, Berliner Liebesroman*, Berlin, 1894; J. Voinovic', *Die Sirene*, in « Bibl. d. fremden Zungen », vol. XI, Stuttgart, 1894; *Liebesabent. ein. alt. Wiener Jungfrau*, d'anonimo (2). Ricorderò anche un drammuccio assai meschino di A. Torelli: *La duchessa Don Giovanni* (1 atto, Milano, 1888). Debora di Lara è una donna cattiva che ha per amante

---

(1) V., *Gräfin I. Hahn-Hahn, ein Lebensbild nach der Natur gezeichnet*, v. M. HELENE, Leipzig, 1869; *Lichtstrahlen aus den Werken der Gr. I. H.-H., ausgewählt* v. H. KEITER, Mainz, 1881; A. JACOBY, *I. Gr. Hahn-Hahn, novellistisches Lebensbild*, Mainz, 1894. — A questo tipo della H. accennai nel mio *D. G.*, p. 134.

(2) Wien, 1794. — Di libri, in cui si parla di amori di donne e di femmine seduttrici, nei soli miei appunti, ne trovo ben più di 80, fra ital., franc., spagn., ingl. e tedeschi. Le donne vi son chiamate *lionnes*, *viveuses*, Circi, Sirene. — Un rom. di costumi russi *La Sirena* scrisse il SACHER-MASOCH; una comm. *Die Sirene* di MOSENTHAL fu rappr. a Berlino nel 1874. Anche LOPE DE VEGA scrisse un poema *La Circe*, Madrid, 1624.

Mario d'Accorso, un altro Don Giovanni. Ella predica con singolare sfacciataggine alcune sue non belle idee, fra cui una delle principali è che il matrimonio è un peccato. Del drudo dà un giudizio poco lusinghiero per lei stessa: « Mario non amerà mai, o amerà quante donne l'ameranno, cioè nessuna! » Il marito, duca Livio, è un povero infelice: impotente di natura, inetto e cretino, con quella cavalla di femmina per moglie, non trova altro rimedio che di uccidersi per lasciar liberi gli amanti di sposarsi: azione inverosimile, scritta in uno stile non bello, spesso pedestre e sciatto. — E qui si sarebbe finito, se non si fosse obbligati a informar i lettori dell'ultima apparizione di Don Juan Tenorio nella piacevole novella di H. Roujon: *Miremonde* (Paris, 1896).

Il cavaliere Pons de Liguières era un giovine ricco e bello che a diciotto anni avea già fatto parlar di sè per esser stato l'oggetto d'un ricorso da parte d'una società di mariti ingannati. Spinto da una forza arcana alle conquiste d'amore, rese infelici molte donne e molte fanciulle: una però, la vaga Oisille, dalle forme procaci e dal naso biricchino, vendicò le compagne, facendosi sorprendere dall'amante in intimo colloquio con un camerata di lui, Roquetaillade. Indispettito, Pons abbandonò Tolosa e si rifugiò in un'antica dimora presso il confine spagnuolo. Quivi, in una delle lunghe e solitarie passeggiate mattutine, s'imbattè in un tipo grossolano di contadino spagnuolo, che era nientemeno che Leporello, il valletto di Don Giovanni. Sorpreso, il giovine così fantastica fra sè: « Ah! celui-là avait vraiment compris! Frissons premiers du désir, fureurs des étreintes, baisers fous, langueurs, lassitudes, larmes d'angoisse, morsures du soupçon, déchirements de l'absence, ivresses du retour, toute la fête infinie de l'amour s'était multipliée dans son cœur! » L'ombra del Commendatore avea agghiacciato con stretta funerea la mano dell'eroe, infranto quel petto ancor caldo di muliebri profumi, inceneriti quegli occhi saturi di voluttà; ma Don Giovanni dannato ride del suo supplizio. Le fiamme non tormentan che il corpo: l'anima libera rivive i delirii e le gioie del peccato. Ah, Don Juan, « si ton vieux compagnon ne m'a pas menti, s'il est vrai qu'en moi reparaît ton image, enseigne-moi le secret de ta puissance, et permets que j'achève ton oeuvre! ». Dopo una nottataccia d'inferno, Pons udì l'indomani bussare alla porta: era Leporello, latore d'un biglietto, che riempì di gioia e di terrore l'animo esaltato del cavaliere. Don Giovanni vivo! L'uomo di pietra avea dunque abbandonata la preda per celeste clemenza, o l'eterno burlone s'era burlato del cielo istesso? Pons rilesse ancora una volta: « J'ai l'honneur d'inviter le chev. Des Liguières à souper ce soir avec moi. Juan Tenorio ».

Miremonde! dolce nome, soggiorno quieto e sereno, inghirlandato d'erbe e di fiori, chi non ti crederebbe un nido di giovini colombi inmorati? Ahi, fra i tuoi muri non vive alcuna fata benefica, negli ombrosi e muti viali non s'ode il passo gentile di lei, nè dietro le siepi alte e ricche d'aculei s'accoppia mai allo stormir delle foglie il susurro dei baci! Bella ma triste casa; popolata forse la notte dalle vittime inulte del castellano.—Nella grande e sontuosa sala di questo edifizio, ornata d'armi e trofei, Don Juan ricevette Pons. Sulla tavola, alla luce dei candelabri, scintilla il vasellame dorato, e in mezzo a un lusso squisito, pompeggiano i cibi più prelibati, i vini più rari. A una parete, è il ritratto del padrone di casa, che stropiccia fra le dita una lettera, nel punto forse che fece il brutto tiro al Marques de la Mota.

Durante il pranzo Pons confida all'ospite i suoi segreti, e questi per confortarlo gli narra la sua vita: le dedizioni facili di mille e mille donne graziose e corrotte, il cui possesso non valse a infondergli nell'animo la vera fiamma d'amore. La stessa Donn'Anna non fu che un'insensata: Don Juan n'ebbe nausea fin dalla prima sera. « Misérable forçat du plaisir, je demandais au jour présent l'oubli de la veille, et demain s'était à peine levé que j'en étais las! » Di queste fugaci passioni non serba che un confuso ricordo: la sua memoria è un ossario. D'una sola donna l'immagine non è scomparsa: è la spina che addolora gli ultimi anni di lui.

Ferito in duello nella sierra di Gredos, fu accolto in casa della marchesa di Montalvo, dove la giovine figliuola di costei con la sua grazia infantile suscitò subito in lui propositi infami. Ei volle cogliere quel giglio innocente che avea un sì angelico sorriso; non potendo farla sua altrimenti, sposò Elvira col finto nome di Miguel de Ercilla e la condusse seco in un castello presso Segovia. L'indomani partiva all'improvviso per l'Indie. Quale risveglio per la sventurata fanciulla! e quale castigo per Don Giovanni! Sazio di volgari abbracciamenti, ricompare ben presto alla mente di lui il ricordo della prima notte d'amore. La figura di Elvira, felice di offrirsi in tutta la sua fresca bellezza, sposa amorosa e fiera d'esser vinta, soffiò sulle ceneri del suo cuore, e la passione divampò più forte che mai. Il sangue gli bruciava nelle vene, gli occorreva una seconda notte d'amore. Dimagrita, pallida, sciupata dalle lagrime, Elvira non era che un fantasma: inerte, impassibile sostenne l'estremo insulto. Senza un grido, senza un gesto, immobile e come di ghiaccio, fu vittima una seconda volta della violenza. Invano Don Juan ne ricercò fremente il bacio supremo, invano tentò di riscaldarne il candido seno. Ei non possedette che un cadavere spaventoso: l'orrore e il disprezzo le chiudevan le labbra, Elvira fredda e quasi morente si rifiutava nell'abbandonarsi......

Una notte, mentre Don Juan offriva un banchetto agli amici in Siviglia, gli fu portata una lettera d'Elvira morente che gli perdonava. Corse al convento di San Francesco, e nel cimitero, alla scialba luce lunare, gli parve che, dall'alto del mausoleo, il braccio del Commendatore gli additasse la tomba dell'infelice duchessa Tenorio. Una mano si posò sulla sua spalla: era un frate, Ottavio, il fidanzato di Donn'Anna. Nell'ira Don Juan volle slanciarsi per rovesciare la statua d'Ulloa, ma cadde al suolo svenuto. Il dì appresso, lo portarono nel suo palazzo e lo credettero morto. « Ce fut en effet cette nuit-là que Don Juan mourut ».

Questa è l' « ultima » fine di Don Juan, da aggiungersi a quelle romantiche dello Zorrilla e del Campoamor e alle bizzarre concezioni dell'Heyse e dell'Almqvist: giacchè troppo ripugnanti sono il ridicolo epilogo nel dramma di Lopez de Ayala e l'altro non meno degradante del Guerra Junqueiro (1). Ecco Don Giovanni in riposo dopo la lunga sua vita d'avventure, vecchio sempre bello, aristocratico e gran signore. La neve, che ne ha ricoperti i capelli e la barba, ne aumenta le attrattive: l'occhio non manda più lampi di ardente voluttà, ma serba la scintilla da cui, ai cari ricordi, guizzan bagliori fugaci. Riandando colla mente al passato e rievocando le vicende della gioventù, i volti delicati e pensosi delle fanciulle amate, il gagliardo eroe ritorna per un istante lo spensierato e audace cavaliere d'un tempo. Uomo di preda, dal naso dominatore e dalla bocca felina, svela da tutta la persona le tracce della vita fortunosa, nella correttezza dei portamenti, nella voce, negli atti, nel viso ancor non tocco da rughe, nel sorriso sarcastico che scovre una dentatura invidiabile. Stanco, passa gli anni in un perfetto oblio. Non più avventure notturne, ratti scandalosi, scalate di convento, fughe precipitose e duelli all'ultimo sangue; non più seduzioni studiate o violenze inaudite; non più carezze impudiche, amplessi furenti e baci che mordono: Don Juan ha dato un addio al mondo e si è fatto eremita. Ma non già frate, come alcuni in buona fede credettero; il rozzo saio non è per lui, la tonaca gli pesa, l'astinenza e la mortificazione è un assurdo. Vive isolato, ma non è perciò men amante dei comodi e del lusso: se ha scelto un eremo, lo ha scelto come a lui conveniva. Gli è che ora anela solo a trascorrer il meglio possibile gli anni che gli restan da vivere: di state la caccia e le salutari escursioni sulle montagne e nelle vallate circostanti, d'inverno un buon fuoco e una buona lettura. La morte di Elvira ha modificato il suo scetticismo; ei rimpiange di aver insultato il padre (« de telles scènes sont façons de vilains »), e voi con meraviglia udrete da lui queste parole: « Sachez que je ne raille point la douleur.... Tout ce qui vient de la femme, joie ou peine, n'est-il pas sacré ? »

---

(1) Non senza esagerazione giudicò *Miremonde* A. Dumas figlio: « une étude des plus intéressantes, des plus vraies, des plus serrées comme observation, des plus colorées comme forme, des plus justes comme conclusion psychologique et philosophique » (pp. 15-6). Cfr. anche E. FAGUET, *La fin de Don Juan* (*Revue bleue*, 28 marzo 96).

Consolatevi dunque, seduttori e libertini d'ogni tempo e d'ogni luogo, Grammont, Faublas, Guiche, Retz e voi tutti che ereditaste da lui l'anima fiera; il vostro protettore, Don Juan Tenorio, non perì vittima dell'inferno, nè fu sì sciocco da cader nella pania che, secondo il popolo, i frati di San Francesco gli tesero. E non fu neppure quello spavaldo miscredente, quell'assetato d'ideale e, meno ancora, quel filosofo scettico, come a molti piacque di rappresentarlo. Egli fu sempre un signore, e di buona salute: non fu mai malato di spleen, e lo calunniò acerbamente chi lo dipinse volgare delinquente, brutale *souteneur* o abbominevole assassino. Menzogne, menzogne! Ei fu soltanto, per ripeter le sue parole, « l'homme qui s'amusa le plus en ce monde »; vecchio felice finì i suoi giorni tranquillo nel suo piccolo eden, sotto l'azzurro vivo del cielo meridionale, all'aria pura e balsamica delle incantevoli colline dei Pirenei!

Printed by Libri Plureos GmbH in Hamburg,
Germany